**Juan Carlos Alvarez Rodríguez**

**Saga de Poesía de Amor** **BESO DE ESPUMA**

Juan Carlos Alvarez Rodríguez

# Saga de Poesía de Amor
# BESO DE ESPUMA

## Libro I PRIMERAS CARTAS DE AMOR

JustFiction Edition

**Imprint**



Cover image: www.ingimage.com

Publisher:
JustFiction! Edition
is a trademark of
Dodo Books Indian Ocean Ltd. and OmniScriptum S.R.L publishing group

120 High Road, East Finchley, London, N2 9ED, United Kingdom
Str. Armeneasca 28/1, office 1, Chisinau MD-2012, Republic of Moldova, Europe
Printed at: see last page
**ISBN: 978-620-6-74228-9**

1

# BESO DE ESPUMA

## Saga de poesía de Amor

**Libro primero**

PRIMERAS CARTAS DE AMOR

Juan Carlos Alvarez Rodríguez

**TRILOGIA**

# INDICE

## Prólogo

Este primer libro de la saga de poesía de amor, tiene la sencilla intensión de penetrar en sus sentimientos, hacerle parte de mis emociones y ayudarle a profundizar en una verdadera comunicación familiar, romántica, social y personal. Quizás usted no se haya enamorado con mucha frecuencia, o tal vez se pregunte: Para qué? y Por qué?

Eso es todo lo que debe saber respecto al objetivo de este material.

Es por eso, que me di a la tarea de organizar una parte de mi vida romántica, a través de las cartas y poemas de amor que escribí durante la etapa de la adolescencia, que como anillo al dedo me sirvieron para conquistar a una mujer.

Mi propósito también, es ayudarle con algunas situaciones que se presentan en la vida cuando aparece alguna nueva relación, ese o esa que está cerca para recibir una flor, un poema, una frase, etc. No solo se enmarca la relación de pareja, también el ámbito de los solteros, y las personas que quieren dedicar una postal por el aniversario que se avecina. Esta es mi intención, que usted pueda sentirse feliz en cualquier circunstancia de la vida, en momentos de tristeza o alegría.

Esta saga especialmente para jóvenes, se ha escrito en cierta prosa y lenguaje poético, para que la poesía forme parte de todo y le de armonía e imagen a los escritos en forma de versos. De aquí se derivan mis “Primeras cartas de amor”.

Por eso lo invito a cruzar conmigo las aventuras y experiencias vividas, sin dejar de penetrar cada vez más hondo en su vida y su discurso. La riqueza de la razón tiene mayor valor, cuando el corazón está presente. Pues cuando se revise, no abandone las páginas pasadas que le dieron la oportunidad de encontrar a un gran amor y, así como yo, viva pensando en su amada eterna.

Esto es, sin simplificar el cielo, la luna, las estrellas, la naturaleza y el cosmos. El romanticismo verdadero no es el que existe solo entre dos seres que se idolatran, que se aman, es un equívoco razonar así. El romanticismo verdadero es relativo, francamente depende de un amor sincero, humilde y duradero.

Por último le pido que su psiquis esté preparada para ilusionarse, y perderse conmigo en estos poemas y cartas apasionadas, dedicadas para todo el mundo.

Viaje en esta aventura; y seguro que al final obtendrá la principal noticia:

...amor por amar...

...gracias por perderse conmigo...

# I
# CARTAS DE AMOR

## Carta para un poema de amor

Amor mío, estoy muy triste y preocupado,
después de haberte besado y sentirte en
mis brazos,
ahora siento que no estás aquí a mi lado.
Hay veces que no sé qué hacer,
tú has sido la única que he amado tanto.
Paso las noches pensando en ti,
solo desahogo mis penas al dormir,
al amanecer te siento en corazón.
Eres tan dulce, tan bella y hermosa,
que en cada parte de mi alma
florecerás como pétalos de rosas.
Eres esa flor que vino atando mis
sentimientos,
yo seré en ti lo más bello de tus secretos.
Tu cara de niña, tu piel fina,
me ponen cada vez más enamorado.
Cada vez que toco parte de tu rostro,
me siento atraído por tus besos
que llegan como algo inesperado.

Tu sonrisa al recordar,
tu perfume aquella noche de encantos.
Aun suspiro al cerrar mis ojos,
me olvido de todo,
que soy capaz de ir a tu encuentro.
Me he enamorado de ti y no dejaré
de amarte.
Eres tan gentil y cariñosa, que el agua
dulce de los ríos llena mi esperanza.
Tú, vida mía, mi alma espera por ti
como un recuerdo de amor.

Te amo…

## Lo esencial en el amor

Lo esencial en el amor no se aprende
llorando,
las lágrimas no saben hasta cuando sufrir.
En el amor como en el dulce sosiego
de vivir queriendo, hace falta cariño
que no todos los labios lo saben sentir.
No escribo arte que se añora en la pena
ni pienso en ti para morir.
Esa existencia, la única existencia de
un beso
es lo que llamo corazón.
Entregar estrellas para una esperanza
es vivir en la felicidad,
pues aprendiendo de ti es como veo en
los ojos
tuyos la fragancia.
Te iré mirando entre las hojas del camino,
el viento irá a tu lado y,
agitará con fuerza mi sentimiento.
Mi pecho convertirá en volcán tu fantasía.

Iré ahogando con ese destino que flota en
tu mano,
tú sin mí y la mañana sin ti, todo es soledad.
No te adoro como te adora dios,
ni te amo como otros te aman.
Te anhelo y me arrebato en tu cintura
sin que tú lo veas,
me oculto, me hiero y temo al no decirlo.

Por eso en la madrugada de anoche
escribí este poema,
que aunque no la quieras la hice para ti.

## Porque vives en mi tierra

Amor, déjame abrazar tus montañas,
y así galopar como un guerrero tu cuerpo.
Dejame convertirte en un pedazo de universo
para que no escapes de mis manos.
Soy simplemente eso que te busca para no
perder tus ojos,
Soy eso que todo el mundo mira
cuando se ha ido una playa o una cascada.
/Una canción palpita de tu mano:
es como ir entrando en una caricia que con
dolor entregas/.
Amor, mírame como a un niño,
todo el que pase dirá que te quiero.
Por ti se va abriendo un volcán en mi pecho,
el día es una carta que llega a tu puerta.
Yo no sé amanecer si tú no estás,
tu existencia es mi única razón.
No tendré miedo del viento que pasa,
soy más fuerte que el fuego.

Nadie podrá susurrar a tu oído palabras
como las mías,
nadie como yo extrañará tu perfume,
la brisa es mi ciudad.
/No puedo dejar de amar a quién por amor
entregué mi suerte,
tus besos son la profunda melancolía que lloro/.
Te amaré por que vives en mi tierra,
este mundo es tuyo, yo lo hice tu esclavo
para que ningún galante te proclame su Reina.
Es tu alma la corriente de un rió,
por eso tengo miedo escapar del mar.
Quien no crea que te amo,
es porque también quiere ser dueño
de lo que yo tengo ahora.
He tirado por la ventana las rosas que
dejaste, para que vayan a decirte:
te espero todavía.
Recuérdame cuando alces la vista a las estrellas,
estás ahí aglomerada de lágrimas que llegan
hasta mí.

La lluvia es mi compañera…
Este día es tuyo y mío, nadie lo podrá borrar,
quedará marcado en mis labios
como un beso que dejaste para siempre.
Te digo adiós sin dejar de desearte por cada
despedida,
tus sentimientos va en mí
como una flecha clavada a una roca.
Lleva la aventura que vivimos por tanto
Tiempo;
esta  soledad tuya y mía es eterna,
va más allá de los caminos y las mañanas.
/Yo seguiré con un libro tuyo abrazado a mi pecho,
este día
en que los corazones comparten el sueño/.
Te amaré porque vives en mi tierra,
y la tierra es esa sonrisa que está en
tus ojos.
Te amaré porque la vida es corta,
y la poesía eres tú cuando escribo.
Te amaré aunque pierda la vida y el alma
se marche como un pájaro.

## Ha de llover lágrimas

Los días pasan por la oscuridad del corazón,
esos mismos días llueven lágrimas sin descansar.
Es que estás tan lejos de mí y, no apareces cuando
más lo deseo.
Una razón por la cual pienso en ti
desesperadamente,
son los deseos de besarte sin terminar.
Estos intentos de ternura me hacen desahogar
esta infancia de amor por ti.
Estas horas que lleno mis manos de rosas
es cuando más sufro,
y cada pétalo que dejo caer al mar
son rocíos de llanto que no puedo contener.
Si existiera la fragancia del jazmín,
lindas mariposas no pudieran escapar
de mis sentimientos que te aman,
que aunque tú hieras mi alma seguiré pensando en ti.
Tu llegada como un regreso a mi vida
es la causa más querida que quisiera retener.

Estos suspiros violentos que se escapan de
mi sangre, son que brotan en el aire del
intenso amor de ayer.
Si te llega algún mensaje de esos que lleva
el gorrión, son mis ojos repletos de locura
y de pasión.
Si algo parece mal es el tiempo que estoy sin verte,
por favor estás ausente y no lo puedes
comprender.
Si algo parece bien es el recuerdo que está en
mi mente,
por favor lleva presente el retrato de mi amor.

## Espero tenerte otra vez entre mis brazos

Espero tenerte otra vez entre mis brazos,
estás tan lejos de mí y tan cerca de mis ojos,
espero tenerte bajo la sombra que calma
tanto encanto.
Como tuve soledad tengo besos sin la falta
de tus labios.
El ruiseñor canta y refugia la distancia
en las plumas del olvido.
Sufrir es poco para todo lo que siento,
siento el miedo de las nubes
y reservo tocar algún día aquellas mismas manos.
Espero tenerte otra vez entre mis brazos,
en las noches que la luna me pide algunos versos,
abro el corazón de una estrella para ver si
tú respondes
y esto contenta mi alma para amarte.
Quizás me falte poco para esta triste vida,
con saber que aún estás viva recobro mi tristeza.
El amor en los momentos de la angustia
destruye todo el cuerpo aunque nunca uno quiera.

/El día que te tuve entre mis brazos
veía el agua que corría,
y ahora que no tengo tu presencia
me ahogo en esta melancolía/

El cariño es una rosa que criamos en la piel
y si no nacen espinas
nunca pétalos podrá tener.

Espero tenerte otra vez entre mis brazos,
cuando oigas el sonido de la tarde piensa en mí.
Si alguna vez hubo rutina no recuerdo,
solo tengo la esperanza que algún día
volverás.

## Amor de ángel

Te pido amor más que nada en este momento,
ya sabes que estoy sufriendo
y el sentimiento me está quemando.
Pobre de mí que he dejado caer al agua
aquellos inolvidables deseos.
Que haré ahora sin ti amor de ángel,
me siento perdido en la nostalgia del llanto
encendido,
tú lo provocaste una y otra vez llorando
conmigo.
Te digo adiós por la fortuna de nuestro amor,
por la fragancia de vivir encerrado en
tu corazón.
Te digo adiós pues te marchas para siempre,
aquí dejas mi vida atada al vicio de tu cuerpo.
Pienso en ti y te recordaré al amanecer,
le pediré a las rosas que me hablen más de ti,
pues tus flores se alejaron y marchitaron
su perfume.

Entrego mi ánimo a la soledad,
ella es fuerte y puede continuar.
No dejaré de olvidar nuestro sueño,
aquí estoy ahogando en la desesperación.

Qué haré ahora sin ti amor de ángel,
sin aquella joven que acostumbra a caminar.
Qué haré todas las noches
sin besar la almohada
perfumada de tu nombre.
Esperaré por ti algún día,
y si llegas con los brazos abiertos,
le pediré a mi pecho que te apriete con
su universo.
Pobre de mis pasos que sobre las calles
perdieron su encanto,
mi orgullo quedó agotado en la furia del
pensamiento.

Te deseo la más humilde felicidad,
con ella podrás recorrer lo imposible
y nadar en la nieve.

Al llover, muchas lágrimas caerán sobre
tu cabellera,
algunas te hablarán de mí y de mi tristeza:
quizás recuerdes mi figura que tanto
te excitaba.

Si en las noches que es la causa más íntima
de nuestra amor piensas un poquito en mí,
recuerda que llegué a tu mente
y trata de buscarme si es que aún tienes razón.

## Poema de los mayores deseos

Me gusta tenerte siempre junto a mí,
robarte cada día un poco más de amor,
soñar contigo cada noche junto a la almohada.
Te amo tanto que este tiempo pasa y no podré
ser nube del sol,
tendré que ser mucho más de lo que significa
el valor.
Para ti seré un ángel bajo el árbol que espera
la lluvia y nunca el calor.
Tomarte es lo más lindo que conocí en el mundo,
amarte es justo pues todo lo tienes solo para mí.
A lo primero sentí el rumor de enamorarme
sin la más leve latitud,
donde se mezclan las pupilas,
para sentir ese calor tan lento,
tan suave y hermoso que tienes tú.
Después todo es diferente,
es la sombra que me aprisa siempre
y
la ternura que me enloquece.

Miro tus ojos negros,
escucho tu sonrisa cariñosa,
vacilo tu cuerpo y aprieto tu rostro que
me enloquece.
Cada vez que estás en mis brazos cuando
me besas,
mis ojos se nublan y te piden que juegues
con ellos,
mis nervios alterados chocan en tu corazón.

Dos circuitos quienes unimos tú y yo,
piden vida abierta de paz,
para que el alma abra su risa y deje de dormir.
Porque ya es hora de atar el camino que nos puso
al destino de enamorarnos,
para algún día sentir nuestro riesgo de amor.

Entregándose cada fruto en un romance
nuestros cuerpos se atraen como locos,
pues ya somos nuevos, y el pie
de nuestros seguidores son nuestros hijos.

Muy linda tu forma y tu sentido,
me aprisionas con tus enfados y tus locas
incertidumbres.

Para no discutir hay que amar como las personas
que quieren las cosas para siempre,
hablo de ligeras caricias que curan la piel.
Entregándote mi confianza, entregándome tu cariño,
sin robarlo de nadie y que solo tú lo mates en mi ser.

Como rocas que nunca separan su dureza del mar.
Con todos tus francos temores que quiero que
hoy me entregues.
Que me hagas temblar de placer y me digas:
estoy aquí para que tomes
Mis mayores deseos.

## Felices o heridos

A veces pienso que me engañas,
pero me tratas como si fuera yo un niño,
y dices que soy toda tu alma.
Buscar en el tiempo frío y caliente
quien cuide de nuestras vidas.
En penumbras, perdidos, envueltos
en llama,
todo nos parece bien y marcha sin problemas.
Hay algunas cosas que cada cual siente
y nos duele en el alma.
El corazón siente como siente el que ama.
Quien gusta, quien quiere, el romance
es sencillo,
hay confianza, hay amor, hay deseo.
No hacen falta palabras para
entendernos,
basta con mirarnos, cogernos de mano y
darnos un beso.
Mira las pupilas de mis ojos, verás que
no miento.
Yo veo en aquellos ojos negros
el honor de una mujer hacia el hombre que ama.

Soñaba contigo, soñé que me amabas,
buscabas mis manos como olas atadas.
Soñabas conmigo, soñaste que te daba cariño.

Creíste que soy un vagabundo
que anda en busca de amor
con toda a quien guste.
Talvez piensas a mi manera de ser
y de querer hacerte feliz.
Cada día te llevo en mi mente,
en las noches
de soledad cuando tú no estás presente.
Por favor alma mía no hagas triste este momento,
aunque para siempre quedemos felices o heridos.
Mírame sin quitar la vista,
bésame con tus besos en mis labios,
abrázame con tu calor en mi cuerpo,
ámame con la vida y el corazón.
Serás tú como yo lo quiero,
y te seré fiel y sincero en todo lo que te
haga falta.

## Recuerda este amor

Debo partir con la frialdad y el corazón
desnudo,
para no ver tus pasos, para no beber de ti
cuando sienta sed.
Debo partir y nunca más pensar quien fuiste,
yo estaré en otros brazos marchitando
el encanto de tu fingido amor.

Todo está en blanco, incluso el sueño también,
ya una mujer echa el fuego en mi hoguera
para olvidarme de ti.

Si durante la vida los años te tratan mal
y no hay otro hombre que te haga feliz,
aquí tienes tu amigo que te hará sonreír.

Olvida que fuimos amantes,
y a través de la gloria felicito tu amor.

Recuerda ese amor; este amor
que fue una enseñanza, que fue tu dolor.
Este amor que desprecias
y sin embargo tu llevas en el corazón.

## Ángel nacida en la muerte

Este amor eterno como el fuego
que quemas en mi piel,
este beso intenso de locura que existe en
tu jardín.
Una rosa de tu cuerpo pasará por
el delirio de los dos,
y cuando ya estemos muertos
es cuando más nos perderemos,
es cuando más amaremos nuestra vida.

Tus manos llenas de sangre pasarán por
mi pensamiento,
y en tu corazón toda mi alma extasiada de ti.
/Provocaré un suspiro cuando no existas/
Si dejo de verte primero serás afable
conmigo,
pero si reconoces esta ardiente laguna de
pasión infinita,
pasarás por el mismo dolor que sufriste al nacer.
Como un ángel nacida en la muerte,
rozarás mi rostro sobre el rocío de tu vientre.

Que no queden marcas del destino,
que se fugue el viento por la hoguera
de la luna.
Y las estrellas las más hermosas
de todo el cielo
llorarán tu tristeza.
Los muros de los celos no existieron,
si nos vemos en los brazos de la distancia,
gran soledad para dos hijos de Dios.
Esta angustia irrealizable debe continuar,
amor que sobre esta tierra tiene certidumbre
de algún fin.
Has provocado el intenso placer de ternura,
sobre el cariño cargado de tenernos;
y si no encontramos lo pedido por nuestros
cuerpos se perderán nuestros sueños.
Este recuerdo colorido de ti,
de aquel paisaje ruiseñor de la tarde gracias
le doy.
Como una fiera sin frenos galopando en tus
Sentimientos,
y como un puñal en tu pecho yo viviré.

## Ramas de melancolía

Soy triste desde aquel doloroso día en que nací,
mi madre tenía pena de mí,
sus ojos demostraban la angustia de
mis sentimientos.
Por mis venas corren granos de fatalidad,
en mi cuerpo los tejidos no duermen en paz.
Esta agonía que come de mi alma,
me da divinas fragancia de lo enamorado que soy.
Me da miedo tener un amor hoy y otro mañana,
no sé por qué seré así tan divertido y contento,
si a veces río y otras lloro.
Llevo errores que se convierten en delitos,
no hago caso a nada y después con los años
me mata la calma, me transforma la mente,
y soy siembra de Sol ardiente
que se pasea por los meses de esta época fría.

Soy triste desde el comienzo de un año,
y en los sitios más extensos de mi vida.

Soy víctima del dolor,
debo ser así desde aquel doloroso día en
que nací.

Estas ramas de melancolía recorren mi corazón,
mis ojos lloran como ríos y nadie los puede
contener.
Da una sola dulzura verlos reír,
y toda la calma del universo verlos
sufrir.

## El amor crece cuando nace

Amada, llegan los días como no llegaron otros,
donde tus besos se esconden detrás de la sonrisa.
Hay un palmo de cariño recogiendo tu caricia.
Así te miro, te anhelo, sin saber tú que estoy
sufriendo,
y se aprieta mi corazón desesperado.
Se fueron tus ojos pero quedaron tus pasos.
Tus calles sobrepasadas se duelen de mi verdad,
yo se amar,
te aseguro que puedo amarte como a la tierra.

Espérame que yo te esperaré,
seré guardado en tu alma como tú en la mía.
Te quiero desde que te vi quitándole las espinas
a una rosa,
desde que Dios me ofreció tu cuerpo.

Amada, si el amor crece cuando nace,
déjame vivir todo el tiempo soñando.

## Amor infinito

Gota a mis manos un verso de melancolía.

Estoy pensando en ti sin más fuerzas
y me estoy muriendo con gran deseo.

El cariño es una lluvia de sensación para
quien está sufriendo.

El mundo rodea la vida en un suspiro
de tristeza,
si no existiera la ternura sabría que casi
muero.

Puedo romper la soledad,
y llevar mis brazos a la muerte.

Impide mi piel la sed inmensa de quererte,
mi corazón se desata de todo menos de ti.

Serás mía bajo cualquier circunstancia,
ni la tierra ni el cielo
podrán separarte de mí.

## Sensación de amor

La pupila de tus ojos enciende mi cariño
al ver el sol,
tus manos de perfil suave caen como olas.

Eres todo cuanto bello hay,
no sabes ni imaginas que importante eres.

Eres la luna mirada a un espejo,
eres pasión.

No puedo adivinar tu corazón,
eres una rosa cubierta de miel.

Me conformo con descubrir tu mirada,
estás guardada en un sueño profundo.

Mi primera amiga, quien rompe la rutina,
así vas cavando la herida de mi ser.

Qué tristeza me da cuando no te veo,
te regalo el alma como un libro abierto.

## Amor a oscuras

Me enamoré en la oscuridad
y en tus labios fijé mi pasión.

La misma imagen de anoche
cuando soñaba,
cuando creía alimentarme de tu cuerpo.

Tu cariño lo dice todo,
tus ojos esconden la sonrisa.

Es una pena estar triste,
no pensé encontrarte tan maravillosa.

Mi vida está en el borde de un árbol,
sus ramas vuelan por el aire
y en un beso me consumen.

Yo te espero tal como eres,
como un rayo de luz,
te quiero hacer mi mariposa.

Eres invencible desde el centro de ti misma.

Te regalo una estrella,
para que duermas con ella
y
pienses en mí.

## A los enamorados

No debemos hablar de pasión sin sentirla,
la pasión nos quema cuando mentimos.
El dolor es el centro de la tristeza.
Se nos marchita el alma, el tiempo,
alguien nos llama si estamos sufriendo.

Los árboles mueren
si los hombres no son amados,
las rosas marchitan
si las mujeres no son amadas.
De una estrella debemos esperar
nuestra felicidad…

Podremos recorrer cualquier camino,
el de la vida o el del olvido,
Amar para ser amados.
El beso se debe mantener bajo cualquier
deseo, para cuando en la madrugada nos llamen,
nuestros ojos vean la esperanza de
hallar el amor.

Quien busca pierde vida,
quien espera todo tiene.

Sentir es el fruto que nos lleva al alma,
y solo así podremos querer.
Una flor nos pertenece cuando estamos solos,
y nos ahogamos perennemente.
Si perdemos nos han vencido el cariño y
la fragancia,
si ganamos nos ha tocado amar.

Los astros cubren las noches de soledad,
y un río de nostalgia se apodera de la esperanza.
Así es el amor una ola del mar,
un cuerpo frívolo, un sueño infinito.

Sin él se derrumba en pedazos el mundo.

## Moriremos juntos

Puedo recordarte algo: tus besos, tus bríos
y una pequeña mirada de tus manos metidas
en el fuego,
allí estoy siempre entre sacrificios de amor.
Nada podré saber de ti cuando se vaya el invierno,
la primavera nos espera con su canto de poesía.
Nadie sabe por qué te quiero, nadie sabrá algún día
por qué quiero amarte hasta la muerte.
Mi corazón marchará junto al fuego.
El sol y las calles están seguros de que te quiero.
Mi alma se abre triste como una lágrima que corre
por el mar:
mi pasión te espera, mi amor se sacrifica,
bebe tristeza,
desayuna nostalgia, come soledad.
Me alimento de ansiedad y fantasía.
En el amor estamos tú y yo como el arte y
la magia.
Allí aprendimos, allí nos enseñaron
quienes se amaron sin piedad ni venganza.

Allí nos esperan cuando regresemos de este
orgullo.
Pero vuelve a tocar mis manos,
para que mis manos se vuelvan locas al tocar
el aire,
vuelve con la amapola y el frío.
Tócame el pecho con tus ojos sangrientos
y clávame ese puñal, aunque jamás sepas que
mataste a tu mejor amigo, el que te espera en
la muerte como un vagabundo.
Así es mejor, mátame para no seguirte mirando,
déjame morir.
Mátame como se mata el hambre,
el cielo, la tierra, como se mata el alma
de un hombre ensangrentada.
Quiero morir en tus grandes labios, en tu piel,
pidiéndole al amor las estrellas.
Soy nada más que polvo, de ahí vine para amarte,
para vivir metido en tu sangre,
recorriendo como una luz tus venas.
Temo como se estremece mi cuerpo,
como ronca tu vientre cuando me besas.

Todo pasa en vísperas del humo,
del tiempo, del universo.

Del polvo vine, para allí me iré cuando no
me quieras.
Cuando mueras conmigo,
envueltos en una llama de amor:
Al fin del abismo del amor...

## ¿Por qué?

Lloraré cada segundo si una lágrima tuya me
toca los ojos.
Lloraré sin precaución, sin falsedad,
atando a la aurora que apaga a la misma lluvia,
y nos envuelve en un coro de suplicio y ánimo.
Para tú llorar primero he de llorar yo,
después que tú llores lloramos los dos.
Una lágrima como un río
tiene el fondo cubierto por ti y mi melancolía.
Con una sola lágrima apagarás mi alma,
para que otra se encienda desde adentro,
desde el fondo.
El alma está oscura y oculta, nadie la conoce
es un mar.
Para que yo sienta tus lágrimas
se ha de abrir una mar en el cielo.
Para que tú sientas las mías
se ha de abrir un cielo en la tierra.
Tú y yo somos la parte de agua que cubría
la angustia.

Dimos más:
la última gota, enorme, cautiva,
lo moja todo,
lo atrapa todo con una fuerza Irremediable.
Dos lágrimas, una de ti y otra de mí nadando en
mi pecho,
que me suplica, me pega, me tortura,
se congela con tu otra lágrima,
como una montaña agitada y vacía,
en soledad, en deleitamiento.
¿Por qué? ¿Por qué hay lágrimas?
Hay lágrimas porque son el consuelo,
una cárcel de muchos dolores.
No solo esto es el dolor, el dolor es todo,
es más, es mucho....
El dolor llega al corazón y después a los ojos.
En los ojos se agrupan todos los dolores
mandados de allá, del fondo, del estremecimiento.
El dolor huye, flota, se agrupa y forma un arcoíris.
El arcoíris se hace un mapa,
el mapa no puede más, no ve, no piensa.

Una rosa tuerce sus pétalos, como si nunca tuviera
dueño,
para darlo todo, la existencia, la vida.

Es cuando el bulto de sangre brota y trae el llanto:
un llanto que ha sufrido,
un llanto partido en dos, en ti y en mí.
El dolor es el llanto, el dolor de mi pecho,
fuerte, sin murallas,
donde no hay aire y nos ahogamos.
Nuestros pulmones solo sienten sentencia,
y nos ahogamos más, más…
Ya es el final, mi amada es la lluvia,
el dolor es el llanto.
Se agrupan, se forman todas las lágrimas,
y el corazón se posa en los ojos.

## Sentimiento

Parece un invierno el cielo y un beso la tristeza.
Acaso la mano de un niño podría acariciarme
para no pensar en ti.
El mundo está vacío, el brillo de una estrella,
y el camino recorrido hacen que una lágrima
perdure en la rama de un árbol.
Puedo llorar que ahora al recordarte
se va volando el tiempo detrás de la distancia.
Es acariciar el alma en todos los dolores.
Hay que acostumbrarse que a nuestro corazón
llegue un beso y luego se nos marche.
Así se marcha un animalillo asustado por un tiro,
también un enamorado cuando no encuentra amor.
A nosotros que parecemos fuertes nos abraza una
debilidad incrédula.
Debo agradecerte tu grado de cariño,
calaste mis huesos incrustando sabiduría y
recuerdos.
Comprendí que el destino nos golpea los labios,
para todo este dolor he puesto mi vida.
El recuerdo es un pantano, y

aunque el viento sople en él,
el universo seguirá tan vacío como una estrella sin luz.
Te quiero, para que mentir, en el recuerdo de aquella rosa
que dejé en tus manos se abrirá un nuevo camino para ti.
En cada pétalo hay un nombre escondido y una esperanza.
Tu cuerpo en desdén con el crepúsculo podrá quemar
tanta nostalgia y llevarse por la corriente de un río
todo el aroma que el olvido nos regala.
Te amo, en secreto también me amas....
Para olvidarme no te hará falta el olvido,
te hará falta escribir profundamente,
que el adiós escribirá con sus alas.
Es preciso que llores,
no por mí, sino por lo que sientes que callas.
No digas a la almohada que lloré en tus brazos,
llorar sabe quien no tiene nada.
No digas que fui romántico, ni que soñé contigo,
no digas nada.

Di que fui un lunar que se pegó en tu piel,
que fui la sangre que corrió en tus venas,
di solo eso y no digas nada.
Una flor dirá a tu oído que no habrá en mi alma
otro destello de luz que refleje tu dulzura.

Eres tan significante como el breve poema
que guardo de ti.
Mantén la sonrisa para que se rían mis labios,
mantén la tristeza para que lloren mis ojos,
mantén el rumbo al infinito para que el recuerdo
se apoye en las olas del mar.
Si alguien te habla mal de mí,
o de aquella relación que ya terminó,
no digas nada, tan solo calla.
Incluso tus amigas no estarán
de acuerdo que el abeto vuelva a dar sus frutos.
No apartaré de mí el ardiente abrazo que me hizo
sollozar,
ni el oliente suspiro del perfume de tu cama.
Eres la madriguera que encontré,
eres un lucero que llora desconsoladamente.

No eres todo lo que es tan grande,
eres tan pequeña como un punto que llevo
en el centro de mi pecho.
El sentimiento como la lluvia, nos baña de la tierra
al cielo.
Tu amor y el mío por una hoguera el viento se
lo llevó.

Nunca separes de ti lo que en ti nace,
más valiosa es una lágrima que la casa de Dios.
En mi alma solo queda la sensación de un sueño,
un sueño que el corazón no vio.
Este poema tan extenso y menospreciado,
no es un gran poema como los que otros suelen
hacer.
Este poema poco reconocido será el más valioso,
el más puro, solo tus ojos lo leerán.
Es difícil decir adiós cuando existe algún recuerdo.
El sentimiento en el pequeño mundo que habitamos
se llama dolor.

Aunque no fuiste mía, serás siempre mía,
me queda la melodía de aquella canción
que en mis brazos lloraste.

Llora, llora, solo así sabrás decir adiós.
Y revela un gran secreto:
nunca digas que lloraste, di que
bebí tus lágrimas.

## Eternidad

He recorrido valles, frases y tensas lluvias,
como el invierno que se hace cálido en noche
de tempestad.
El rocío pereciendo de una vez como la íntima
pasión,
todos los ríos llenos de angustias.
Lágrimas que pasan ásperas y locas,
incertidumbre de un labio fino de mariposa.
Escándalo del verso y la mañana, de los niños que
no
tienen amor, de este loco amor.
Como la ruta a la distancia tu tiempo, tu aliento
musical me matará,
me irritará, me calmará los versos del corazón.
Te amo con una paz que no aparece en la
conciencia,
que abraza mi sentimientos.
Te estaré mirando desde mi alma, para que
jamás sepas que te he brindado mi cariño como
Dios a los creyente.
El polvo que nos cubrió la mejilla hizo firme el cariño.
Te tengo en mi recuerdo sagrado, en mis pasos
sanos y heridos.

Así respira el aire tu mirada, yo no quiero morir tú
tampoco mueras.
Allí desde el fondo, desde el mundano baño de soledad
se pierde la tierra.
Tanto amor perdido en la infancia, desde allá te amo tanto alma mía,
mi prosa suena con la última despedida.
Tú sabrás lo que es hacer difícil la ternura,
buscaste dejar mi amor así, que penetra en tu carne,
te convierte en la más bella, la más beneficiosa.
Ámame como siempre,
como te dijo aquel corazón que se encontraba llorando,
aquel corazón lleno de flores.
Ámame siempre que tengas vida, siempre que seas mujer.
Te amaré con la vida cubierta de fuego, de árboles,
para que piensen en mí cuando ya esté muriendo.
Pero a quién se puede querer más que a tu cuerpo,
no podemos dejar de existir en este mundo ni en el otro.
Nuestro amor cuando no esté en el alma,
estará allá
donde solo hay fragancia y poesía.

## Amador de tus sueños

Pórtate bien amor.

Cuando sepas que te has portado como yo quiero,
pensarás en mí y jurarás dormir junto a mi cuerpo.

Ardiente en mi rostro notarás el reflejo
de tu imagen mortificada.

Para decir adiós, odiarás el momento de mi falta,
porque ya lejos de ti me siento fuerte,
me siento digno de tus condiciones como amada.

Puedes confiar en mí, confiando creerás en ti,
llorarás en tus noches deseando el mayor
de mis abrazos.

Sin más quien te ama:
El Amador de tus sueños.

## Quién soy

Amada,
me sangra el pecho cuando las heridas
son profundas.

A veces siento frío y se me pierde el alma
entre las flores.

Un libro calma mis fuerzas con su estilo.

No he sido un galante que ama la flor,
he sido como las estrellas que le falta
la gloria.

Voy por el mundo de una puerta a otra
quemando las cenizas del amor.

En mi pequeño mundo soy bufón,
mi vida es un árbol en cuyas ramas
se apoyan los secretos.

No me valgo de los recursos ajenos
para ser feliz.
Adoro estar solo en mis entrañas....

El polvo destruye mi alma,
soy una extraña partícula que el Sol alumbra
y le da luz.

## Vuelve a ser tú

Amada,
si no puedo vivir qué puedo hacer.
Estoy triste y de qué me vale tanta tristeza,
si todo recae en el recuerdo del pasado.
No sé de qué modo te estoy amando,
siento mi corazón irse, extinguirse
sin esperanza alguna.
Así se está destruyendo mi vida
pensando en ti
El aire no respiro,
y mi corazón destella una luz de melancolía.
Estoy muriendo, me amarras y
navegas en mis ojos como un barco vacío,
con tu pecho abrigándome.
¿Qué me has hecho, qué me has hecho tú…?
No te veo de siempre, te ocultas y me ves llorar.
Apoyas tu frente sobre mi hombro
para doblegarme.
Si al mar das la flor, dame a mí tiempo
e ilusión.

Si vuelves a ser tú,
la que tiembla en la mirada,
la que arde en mi boca cuando digo un verso,
vuelve para mí.

## Tu resignación

Este poema es llevarte a mi historia,
al consuelo de tus ojos y al mar del olvido.
Eres la más hermosa de las ramas y las rosas.
Voy a ti como un ángel que ofrece su vida y la fuerza.
No pierdas la esperanza de ser otra cuando pase la luz,
busca el amor.
Tu tiempo es ese dolor que se va borrando con la lluvia,
tu melancolía es ese regalo que otros no tienen.
Pasa la mano por el problema como la mariposa
por la flor.
Aprende a conocer eso que se llama voluntad
y el mundo será tuyo.
Besa la almohada con intensidad y pide perdón
las veces que quieras, pero no te rindas.
Cuenta con un libro para salir de tu enojo,
alza la frente
para decirle adiós a todo lo que pase.
Es así como debes enfrentar el destino incesante y
respirar la verdad.

Cambia la risa, apunta con un dedo el lugar más suave,

mira las estrellas, camina pensando en el gran trabajo

que te espera.

Te ofrezco mi paciencia como un libro,

como un árbol, donde está mi corazón.

La noche dormirá por ti cuando no tengas sueño,

las calles sujetarán tu pelo por si te despeina el viento.

No dejarás de ser bella,

tú mereces a alguien que te quiera y te ayude

a contemplar el cielo.

Una lágrima en tu mejilla es un significado de valentía,

serás de quien te ame,

pero no pierdas eso que se llama dulzura.

La tierra encontrará tu suerte, tu pasión es infinita,

No tienes más que soltar el miedo y atar el agua por si

sientes sed.

Toma el lápiz y escribe todo lo que hiciste y lo

que harás,

coge el recuerdo y vive con todo lo que esperas.
Así debes amar para que no dejen de amarte,
tu lucha será librarte de los que no saben querer.
Ten presente la razón ante la ignorancia,
pon tus pies firmes, y que la brisa te acaricie.

Siente los latidos de un reloj,
no dejes la ira coger su camino ni al odio su lugar.
Conságrate a eso que te observa,
a la voz de un amigo
y al consejo de tu madre.
Llora como si no fueras tú,...
como si fuera otra que ayer conocí.
Ríe para que tus labios se abran a las puertas
del amor.

## Nuestro planeta de amor

Iremos caminando por un sitio vacío, infinito,
en la longitud y plegaria de nuestro planeta,
cuyo suelo romántico se abrirá en nuestra
mirada.

Son las dos de la madrugada
y mis lágrimas dan fortuita belleza
al papel,
debo conciliar mi sueño y estarme escondido
como una pulga.

Estoy diciendo adiós a la traición…,
amarte es mi objetivo.

Hoy 3 de Noviembre de 1995 besaré tu mejilla
y moriré,
el amor es un propósito que solo el alma de
un niño conoce.

Tengo que ser como los obstáculos…,
continuaré rondando por las puertas del dolor.

Quiero amar eternamente y recibir de lo eterno
Una caricia, una sonrisa
en el dulce aroma de una flor.

Este camino que el cruce de las manos conduce
es infinito.
Se ama a alguien en específico o en especial,
este sentimiento desprovisto es innato.
Mi vida se funde por completo en otra vida.

En este mundo las plantas y animales que juegan
por el suelo,
nos miran las hondas fracciones de nuestros gestos.
Los seres que no se comunican con nosotros son
nuestros reyes, jueces leales...
Iremos descubriéndonos como dos corazones
y así haremos nacer la verdad.
Las ideas y el temperamento rehacen mis fuerzas.

Siempre que las cosas se junten y coincidan en
un punto,
estaremos de acuerdo con una sola idea:
la del amarnos infinitamente.

## Se muere mi corazón

Pudiera llorar ahora y beber mis lágrimas
por tu ausencia.
No sabes cómo se muere mi corazón,
eres la mejilla que sobre mi pecho se
agiganta.
Y de tu penumbra recibo besos tristes
que el viento sabe traer.

Conocerte ha sido una prosa más en mi dicha,
ha sido el fruto que algún sentimiento sabe dar.
Mi mundo lleno de sueños y habitado de flores,
ha notado las estrellas en tu pelo que pasan
donando
la luz a todos los pétalos de las rosas, y
una de ellas eres tú.

El amor nos lleva a cualquier hazaña,
se esfuma en el espacio bajo las caricias,
y nuestros brazos se pierden en la distancia.

El dolor en ti es un pequeño punto lleno de
nostalgia,
en este punto dejo caer mil frases para el
romance de la mañana.
No se amar, te juro que no se amar más que de una
sola forma.
Mis ojos invencibles el amor logra entregar,
los días son expertos contrastes que los suspiros
saben vivir. /Me refugio en ti amada/.
Sabré cuidarte para que nada te haga sufrir,
ni cuando pases por la espina de un árbol,
ni cuando por la corriente de un río.
En la extensa pena y vicios de la lluvia caerá
mi cuerpo haciendo la esperanza más eterna.
Al conocerte enfrenté a mi corazón,
entre él y yo surgió una inmensa guerra.
Me preguntó quién eras?
Y yo contesté:
con su dulzura encanto mis ojos
y con su nostalgia robó mi vida.
¿Y qué es el amor acaso: la lluvia…?
Solo muere de amor quien no lo sabe decir.

## Podré morir

Moriré de amor en la orilla de un río,
y tendré fuerzas para amarte sin importarme
quien pasa.

Moriré por amor y no serás la culpable,
mis manos se afligen con tu beldad.

Fuiste mía, y
pude alimentarme con tu ternura,
sin saber que la soledad me esperaba
entre sus pétalos.

Me convertí en uno que hay por ahí guardando
recuerdos.

A una mujer voy esperando,
deseoso de probar el agua que hay en su boca,
cada instante me aproximo a sus ojos
que miran la tierra.

Ni su mismo desprecio podrá compararse,
a la enorme distancia que inventamos
Tú y yo.

## Breve carta a una fallecida

Amada,
no sé cuánto tenga que pagar
para verte en este lugar de pájaros.

Debes recordar que no me iré...,
en tu pensamiento está el mundo donde vivo.

Tengo un corazón que no es mío:
cuando te fuiste se fue con el tuyo.

Me sangra el pecho y te extraño,
ya nada puedo negarte,
todo es vacío para mí.

Las estrellas llaman las flores,
te amo tanto amada mía
que he rogado a Dios el volver a verte.

## Fracaso del amor puro

Se parece este día al mismo día que empezaste a llorar,
tus manos estaban frías y estremecidas
de dolor.
Tu corazón mudo como las calles cubiertas
de melancolía,
vi el paisaje de un retrato que nos cubrió la mejilla.
Hoy la pasión me quema y atrapa en un círculo
vicioso, se nublan mis ojos con la tristeza.
Tu eres lo más grande que he podido tener.
Te fuiste aquella noche sin entregarme tus caricias,
esa noche la recuerdo como un beso de mi madre.
No es necesario que digas nada, no pronuncies
mi nombre,
estás ahí en tus caprichos y tienes miedo de luchar
con la fuerza de tu alma.
El tiempo con su luz palpitante me hace recordar
cada aurora,
se me agotó la ilusión y ya no encuentro la fantasía.

Mis libros yacen desordenados, te fuiste sin saber
que moría,
y como un puñal te metiste en el fuego.
Le robaste al mundo las palabras de amor que
yo merecía.
Las rosas que hay en tu piel tocaron mis manos,
los árboles,
los lugares de encuentros, los versos que se perdían
en tus ojos.
El día que te fuiste la noche se hizo infinita, y
me mantuve en insomnio total.
Me duelen los brazos y el pecho, y el mismo tictac
de un reloj.
El silencio se apoderó de mí y escapó de mi cabeza.
Estuve ensangrentado, faltaba el eco en mi voz
y se apagaron mis ojos.
Me subió por la mejilla un calor sofocante,
no pude sostenerme y marcharon mis piernas.
En el portal donde podían verse los bancos
que nos esperaban por las tardes.
Hoy me mata tener que verte y tocar tus manos frías,
y colocar tu cuerpo en roce con el mío.

Siento amor y a la vez desprecio, ya no puedo hablar

de mi tristeza.

Pues de qué me vale que tus oídos me escuchen

si no puedes comprender.

Mi vida te la entregué sin maldad ni prejuicios,

hoy no pertenecemos al amor,

somos refugio de él.

En una frase mi futuro el viento se llevó.

## Mi vida está en tu cielo

Cielo mío, dulzura mía.
Desde esta breve carta quiero hacerte llegar
mi apasionado amor.
Quiero ofrecerte mi alma y las estrellas
como regalo,
dedicarte el mundo en que vivo,
multiplicado en mil.
En mi vida no existe amor igual,
dolor igual.
Has significado la mujer infinita,
que levanta sus alas de paloma.
No me dejes morir, tú tampoco mueras.
Este día será como un paisaje donde los tristes
pájaros reposan con una canción.
Mi amor llega a ti desde el rincón más bello.
Anhelo decirte te quiero, demostrarte decirte
te amo.
Brindaré por ti y por mi melancolía,
y por tu abrazo de mujer pequeña.

Dios sabe que eres mi eterno recuerdo,
un hombre como yo no merece decir sabidurías.

Amarte es este mundo cuando mis labios
te besan.
Es este arcoiris cuando te beso.

## Te amaré siempre

No me traiciones, no me traiciones nunca,
mira en mis manos la flor de paz y amor.

!Que sí te quiero…!

Un río se llevó tu cuerpo y estás lejos,
me muero si se marchan tus ojos.

Abre una sonrisa,
y déjala en libertad para que regrese
cuando esté solo.

Tus labios susurran un adiós….

Cada vez mi pecho va en tu mirada
como un ave sin dirección.

Aprende a llorar conmigo,
y a decirle al cielo lo de mi corazón.

Te amaré bajo cualquier circunstancia,
ni la tierra ni el cielo podrán separarte
de mí.

## Aunque no lo creas

Aunque no lo creas he pensado mucho en ti.

No te he visto a diario como los árboles
que me rodean,
pero tengo tu imagen en mis ojos
y están formando un arcoiris en
sentimientos.

Yo no sé cómo fue que eso pasó,
solo sé que cuando tus labios vi,
quise morderme los míos.

/Te pareces al pequeño olvido
y a la palabra melancolía/.

No te he visto a diario como los niños
que me rodean,
aun así el mundo es testigo de lo
que siento por ti.

Aunque no lo creas he pensado mucho en ti,
pues cuando te veo,
mis manos se abren como una rosa
para decirte te quiero.

## Te extrañaré

Te extrañaré.

Cuando vea la luz junto a mí
y tú no estés te recordaré.

Así de repente leyendo un libro,
escribiendo una prosa,
y saltando en un juego al azar
te extrañaré.

Por decirlo como lo dijera
un hombre cualquiera,
pensaré en ti.

Dios me entregó la calma
para esperarte.
Y así de repente en una lágrima
te extrañaré.

## Es difícil nuestro amor

Esa vida tuya tiene extraño sentir
y fugas nervio desconocido.

Es difícil entrar en tu cuerpo...

Esos ojos tuyos, largos, cortos,
comparados con mi corazón se abren
sin fin.

Esto se convierte en deseo,
en desesperación;
eres pura piel de tierra.

Te mimo y te acaricio sin tocar tus manos,
hay un secreto que hoy el mar me trajo:
tu voz.

Siento como tiembla el amor dentro
de ti...

## Pasión

Naciste para embellecer el mundo con
tu sonrisa,
no tienes espinas ni rencores,
el amor llega hasta ti.

No es una crónica triste para que tus labios
sientan tristeza,
es todo: cariño, ternura, pasión…

Pero una hoja cae sin demora alguna,
y la luna consuela la luz de mis versos.

Reflejo de estrellas,
arcoiris de un mismo contraste entre mi
pecho y tus manos.

Del centro de una rosa llego hasta ti
para decirte te anhelo.

## Amor en día de tristeza

Cuando tus labios me queman la piel,
el cuerpo de una mariposa se hacen inmenso.

En la mañana triste de tantos besos tuyos
mis ojos piden nostalgia.

Se escapan las caricias de ti
y llora un verso sin destino.

Te extraño desde el primer día,
y desde el primer consuelo.

Aunque tú no seas mi vida
y aunque yo no sea la tuya,
nosotros seremos el mundo.

Las cadenas aprietan mi corazón
como si amarte fuera poco.

No quisiste recomenzar el amor,
y yo no soy culpable si lo dejaste
escapar.

Las peores penas se las lleva el viento.

No dejaré de amarte,
hasta en mi muerte te querré.

## No quiero dejarte nunca

No hay tiempo, no hay vida,
en que mis manos dejen de calentar el frío
de tu cuerpo.

Quisiera tenerte cada hora y cada segundo,
bajo este invierno nocturno.

Pasan tus labios llenos de fuego,
que haré ?
vivo para no morir, soy parte de ti.

Tengo tu retrato para recordarte,
para acariciarte.

Tu cabello es poro de mi sangre,
tu vientre raíz de mi nacimiento.

No te pierdas en la soledad,
estoy aquí para no dejarte morir.

## Para estar en ti

Mis manos son una cama despavorida,
el cariño una franja de pasión.

El llanto es algo que no puedo remediar
cuando pienso en ti.

Mi corazón se desata de todo, menos de
tu hermosura.

Al recordar la luz que hay en tus ojos
se estremece mi alma.

La vida y el destino esperan por ti....

## Desesperación

Hay un beso ahogado en un rincón.

Una estrofa de pena se conmueve
de instintos, fatigas e insomnios.

Respiro en una roca…,
el aire está denso como una espuma.

Una estrella se apodera de mí,
el cielo se contenta de aglomeraciones.

Pienso en ti,
ya te quiero bajo el tiempo.

Pasa lento como un río tu cuerpo….
Iré por ti como van las olas detrás
del mar.

## Carta en el silencio

Como palpitar de cúmulos abrazos
por la paz de un beso.

Sentir lo que recorre el mundo al cabo de
un dolor.

Llorar cuando nadie lo pide
y todos esperan que alguien ame.

No puedo bañar mi rostro ensangrentado....

No es que esté sufriendo,
soy ceniza llegada del fuego.

Esta es una carta para pensar,
es un poema para llevarte a mi historia.

El amor con una mirada lo roba todo...,
lo atrapa todo con una fuerza irremediable.

Por qué estallo al saber que te amo,
y quisiera encontrar las razones por las cuales
te quiero.

Estoy en comparación con todo,
con tu pasado y tu presente.

Estás en cada palabra que sale de mi
corazón.

## La madrugada

Cada día una palabra, una sonrisa,
cada mañana una mirada, una caricia.

Un mundo entero para ti,
tú lo cuidas y en él vivo yo.

Se amarte, se besarte,
se llorar cuando lloras tú.

Eres melancolía,
fuego que enciende cuando yo apago.

Transcurren horas de insomnios,
te veo, te presiento.

Te tengo cada tarde y cada noche;
me falta un lugar por recorrer:
la Madrugada.

## Carta para ti

Tengo deseos de abrazarte,
y contarte todo aquel amor
que no pude darte.

Estos deseos inmensos
me arrancan uno por uno
los latidos del corazón.

Si pudiera verte…,

Al perderte cayó sobre mí
el más gigante peso.

## Cómo vivir sin tocarte

Amor:

Si pudiera sentir tu placer sin tocarte,
estaría quieto eternamente.

Si mi voz fuera suficiente para estremecerte,
mis manos no buscarían las tuyas.

Si mis ojos al mirarte te excitaran,
no tendría que encontrar tu desnudez.

Si mi cuerpo en un abrazo complaciera
al tuyo,
no insistiría en hacerte el amor.

## Oda a luz

Mariposa mía, fragancia de luz,
he venido a ti con el corazón
agitado y la mirada fría.
Soy el riel para tus encantos
y la montaña para las uñas
de tus dedos, no tengo cosa
más bonita que unas
mejillas olorosas como las tuyas.

Eres mi fiesta, mi abanico de
pasiones, una por una
tus caderas se ensanchan
y me pierdo, sonrío por mil
veces hacerte el amor.
Igual que el día aquel
cuando te conocí es el
día de hoy que no dejo de soñarte,
estoy atado a ti
como la tarde a la mañana.

Llevo meses contemplando tu
hermosura, me entrego, me excito
cuando recibo una caricia
tuya que con dulzura
entregas, cuando tus ojos
de mirarme se convierten en
una cascada.
Que puedo decir ahora
Luz, mi luz, rosa del poeta,
del caballero de la luz
Flor del mes de Junio,
soy tu tulipán, tu marinero,
tu guardián en el amor y en el sosiego,
ven a mí, a calmar mis
ciudades y mi cuerpo.
Ven que una sonrisa tuya
vale por mil besos.
Mariposa mía, muévete hacia mí,
estoy esperando tu cuerpo
sobre el mío, hagamos esta noche
otra noche,

multipliquemos las
razones del tiempo para amarnos.
Siempre tuyo, loco, por ver en la
luz tus colores, tus peldaños,
por dejar en las paredes tu nombre.
Princesa, mi princesa,
mi delirio, mi ansiedad,
mi tristeza, mi nostalgia,
comparo cada cosa de tu cuerpo
con los detalles del universo.
Estás aquí, me elegiste,
quién soy yo para cambiarte,
quién soy yo para encontrar
explicación en el amor.
Canto por ti, pregunto por tus
ojos, te quiero siempre mía,
siempre para hacerte mujer.
Luz, mi Luz,
Rosa del poeta,
mi destino es buscarte
cada vez que sienta
en mi pecho la soledad,

amarte es mi afán.
Vuélvete sangre que pasa
por mis venas,
dolor para mis heridas,
sentir para mi corazón.

Te quiero siempre mía,
cañada, uva, fresa,
pedacito de pezón,
relieve sobre la tierra
que dibuja mi mano.
Te quiero para que nadie
como yo te quiera.

Perla, mi perla, te regalo
todo el tiempo del mundo,
la galaxia que visita
nuestra cama,
sumérgete en mi pecho,
desnúdame, desnúdate:
Y hagamos el amor.

## El amor me lleva hasta ti

*Versos en prosa, frescos y jugosos, para mi amada…*

El amor me lleva hasta ti, la madrugada está fría
y pienso en ti, respiro tu olor entre las sábanas
y dejo que el roce de tus labios se confunda con mi beso.
Te beso, te acaricio, dibujo tu mejilla entre los árboles y el silencio. No hago otra cosa que sumergirme entre
tus piernas, tus caderas se estremecen y
un suspiro mío se pierde en tus senos.
Siento el tictac de tu corazón palpitar con el mío
cuando tu cuerpo se pierde en mi cuerpo.
Te digo las mejores frases y los mejores poemas
para que tu mente viaje fresca de nuevo hacia mí.
Yo te amo y este amor me hace convertir una espina en una rosa, una piedra en una montaña y una ciudad en el universo. Me entrego, salgo de mi mismo
y como la lluvia mojo tu espalda, una y otra vez miro

tus muslos estremecerse de anhelos,
tu vientre está fresco como una uva que llevo a mi
boca.
Te repito, me muero, me muero y volvemos a
entregarnos intensamente en otra pasión.

Rosa de mi rosal principal, tú eres el amanecer de
mis
mejores días, el viento que pasa lento por mi pecho
dejando una huella para toda la vida,
la muchacha que ha dibujado en mi destino
el tiempo y no me ha dejado tiempo para nadie más.
La luz que se esconde en lo más profundo de
las entrañas y va quemando con dulzura el alma,
el amor más reservado que he encontrado y
se ha mostrado solo a mis deseos.
El amor me lleva hasta ti, después de entender
el pesar de tus manos, la fuerza de tus ideas y
el valor de tu corazón. Soy tu mayor romántico y
mi poesía como una hoja seca va a parar en tu
fuente.

Llevo el camino por el prado alegre y
la vida diera cada vez que estés frente a mí.
Todo quisiera pedir: que tus brazos como una ola
terminen en mí orilla, que tu cuerpo como la hierba
prenda en mi cañada, que tu pensamiento como un lucero
brille para mí, que tu alma como una rosa se deje cortar
las espinas y tú, fundamentalmente tú seas mía para siempre.

## Me refugio en tus brazos

***Versos en prosa, frescos y jugosos, para mi amada...***

Me refugio en tus brazos, en tu cintura
que me lleva a los placeres más inciertos.
La luna que conmigo juega sabe de hecho
que no hago otra cosa que soñar contigo.
En tus brazos con sabor
a herida, porque nada cura este dolor,
esta nostalgia que día a día quema mis entrañas.
Es la soledad la que me abraza por ti,
la que me consuela cada noche pesada,
la que llora conmigo, y este llanto es puro
como el clavel de una flor.
Refúgiate conmigo, ven a probar el sabor a
fresa en mis labios, tráeme la soledad por
un segundo, el resto del tiempo la quiero pasar
contigo inventando arquetipos.
Tráeme la estrella dorada que dejé en tu cuerpo,
quiero plantar en tu espalda las margaritas
más disímiles, soy tu gavilán tu eres mi paloma,

contigo iré a inventar los misterios.
del amor torrente, el dolor que pasa leve
por el alma y se escapa,
para así volver a entregarnos en un verso.
Mírame, renuncia al día y a la noche,
no importa el siglo que
estemos inmersos en la lluvia, no importa
la luz que pase y se pierda en nuestros ojos,
no importa el camino por el que
crucemos, solos tú y yo como la raíz y
la planta.
Así me voy sumergiendo en una lágrima tuya
que vibra en mi mano, en una lágrima
que termina en la mía.
Te quiero, te quiero, vuélvete a mí, entrégame
tus ciudades y tu crisol, soy tuyo
desde que la melancolía perdió sus costados,
desde que alguien pulió el alma desordenada.
Desde que surgió
la primera mirada, y nació
el primer beso.

## Al salir de unas luces oscuras

Al salir de unas luces oscuras,
mi corazón creó unas barreras,
entre el dolor y el sosiego.
Múltiples amores
que en el largo camino de mi vida
aparecieron.
Me lancé, crucé, y amé sin la medida
correcta.
Fui más allá de la melancolía
para sumergirme en unos brazos
pequeños,
una boca fría y una ciudad
desmoronada.
Un tiempo después cambió el color
de mis ojos, la matriz de mi encanto;
porque encontré añoranza en un corazón
distinto, unos brazos abiertos,
una boca ardiente y una ciudad
fortificada.

Hoy puedo decir que el amor es una intensa
luz que se esconde en el alma de cada cual,
y hay que hacerla brillar en el ser que
adoramos.
Por un momento salgo de la pasión general,
para comunicar que la melancolía es mi mayor
sentimiento.
Mi poesía es un largo atardecer que termina
en las manos que idolatro.
Entro en unas luces claras entre el dolor
y el sosiego:
Mi corazón se resume en el gran amor
que he encontrado.

Printed by Books on Demand GmbH, Norderstedt / Germany